Julie Poirier

Co
FONCTIONNE?

Texte de Steve Parker
Illustrations de Geoff Pleasance
Adaptation française de Sylvie Prieur

© 1991 Henderson Publishing Ltd
Adaptation française:
© Les éditions Héritage Inc. 1992
ISBN: 2-7625-7113-8
Imprimé en Grande-Bretagne

Un sac d'os
Le squelette est un ensemble d'os qui constitue la charpente du corps. Il y a environ 206 os dans le squelette, dont 27 dans chaque main. Comme certains os se soudent parfois les uns aux autres, à l'extrémité de la colonne vertébrale, par exemple, leur nombre peut varier légèrement d'une personne à l'autre.

Jeu des articulations
Les os sont unis entre eux au moyen des articulations. Le squelette en compte 100. C'est ce qui te permet de bouger. Cependant, certaines de ces articulations, dont celles du crâne, ne sont même pas mobiles! D'autres ne bougent que sur un seul plan, ou de haut en bas, comme celle du coude. Et d'autres encore bougent dans tous les sens. C'est le cas de l'épaule. Le genou est la plus grosse articulation du corps.

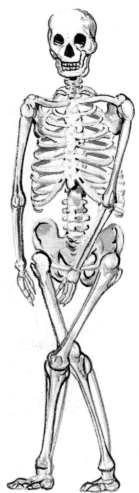

Faire de vieux os
De minuscules cellules vivent dans de petites cavités des os et produisent les tissus osseux qui forment ces os. Certaines de ces cellules vivent jusqu'à 30 ans!

Tout en muscles
Les muscles représentent près de la moitié du poids total d'une personne. Le plus gros muscle est le grand fessier, ou *gluteus maximus*. Le plus petit muscle est attaché au plus petit os de l'oreille et ne mesure que 0,13 cm.

Combien dites-vous?
Le corps compte environ 650 muscles. La plupart unissent les os aux articulations et assurent le mouvement. Les muscles ne peuvent que tirer et non pousser. On les retrouve donc toujours par paires. Un muscle se contracte et tire tandis que l'autre est relâché et tendu. Ceci déclenche le mouvement des os aux articulations.

Gros os, petits os
Les plus petits os du corps humain sont trois osselets de la taille d'un grain de riz situés à l'intérieur de l'oreille. Le plus gros os du corps est le fémur, l'os de la cuisse. Chez l'être humain de taille moyenne, il mesure près de 50 cm de longueur. Il représente normalement 27,5 % de la taille d'une personne.

De l'eau dans le cerveau!

Le cerveau pèse entre 1 et 1,4 kg. Et les quatre cinquièmes de ce poids sont constitués d'eau! Pendant la croissance, le cerveau grossit. Puis, il diminue de volume avec la vieillesse. Le cerveau de la femme est légèrement plus petit que celui de l'homme. Toutefois, cela ne fait aucune différence au plan de l'intelligence.

Câbles téléphoniques?

Les signaux nerveux sont transmis par les prolongements des cellules nerveuses à la manière des signaux électriques transmis par câbles téléphoniques. Ces signaux voyagent à près de 400 km/h. La cellule nerveuse la plus longue s'étend de la base de la colonne vertébrale jusqu'aux orteils, soit une distance d'un mètre environ. Les nerfs forment un réseau de près de 74 km à l'intérieur du corps humain.

Tu as compris le message?

Le cerveau et le système nerveux sont composés de plus de 14 000 millions de cellules nerveuses appelées neurones. Chacune de ces cellules présente un prolongement long et plusieurs prolongements courts. Ceux-ci assurent la liaison entre le cerveau et les autres parties du corps. Certains nerfs transmettent des messages du cerveau aux muscles et aux organes, tandis que d'autres y acheminent de l'information captée par les organes des sens, tels que les yeux et les oreilles.

Garder le contact

Les sens nous permettent d'entendre, de voir, de sentir, de goûter et de toucher. Ils permettent également de déterminer si les choses sont chaudes ou froides ou si elles blessent, et si nous sommes debout ou assis. Ils nous permettent même de tenir en équilibre sur les deux roues étroites d'une bicyclette. Certains nerfs ont des extrémités qui sont sensibles à un type donné de stimulation. Ces nerfs envoient alors un message au cerveau qui décide comment traiter cette information.

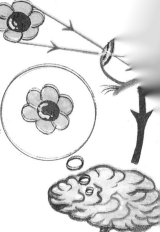

Quelle vue!

La rétine, qui tapisse le fond du globe oculaire, est recouverte de plus de 130 millions de cellules sensibles à la lumière. Certaines réagissent à la clarté et à l'obscurité et nous les utilisons surtout la nuit. D'autres sont excitées par la couleur et agissent à la lumière du jour. Les images que nous percevons avec nos yeux sont captées par la partie postérieure de la rétine. Par une nuit très sombre, l'oeil humain peut distinguer la flamme d'une allumette à 80 km de distance.

... e de l'oeil est
... et doit demeurer
... e et propre. Les
...es lacrymales,
...es derrière les
...upières, sécrètent un
...quide salé, les larmes.
Les paupières clignent
environ toutes les deux
secondes pour humidifier
les yeux. Les larmes sont
évacuées dans le nez par
le canal lacrymal qui
occupe le coin de l'oeil.
C'est d'ailleurs pour cette
raison qu'on doit se
moucher quand on
pleure. Mais si on pleure
beaucoup, le canal
lacrymal ne suffit pas à la
tâche et les larmes
coulent directement des
yeux.

Tout ouïe
Les ondes sonores
pénètrent dans l'oreille et
font vibrer le tympan,
situé au bout du conduit
auditif. Le tympan est
relié à trois osselets qui
transmettent les
vibrations à une
membrane interne,
laquelle recouvre un
organe en forme de
spirale rempli de liquide,
le limaçon. Les ondes
sonores y sont captées
par des terminaisons
nerveuses.

Succession de sons
L'être humain peut
entendre des sons dont
les fréquences se situent
entre 20 et 20 000
vibrations par seconde,
du grondement sourd au
sifflement aigu.

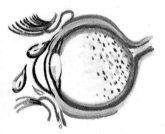

Les muscles
les plus rapides
Les muscles qui font
cligner les yeux sont les
plus rapides du corps. Ils
peuvent déclencher
jusqu'à cinq clignements
par seconde.

Ça sent bon

L'intérieur du nez est tapissé de millions de terminaisons nerveuses qui nous permettent de percevoir les odeurs, même les plus faibles. Certaines personnes prétendent pouvoir discerner 10 000 odeurs différentes.

À belles dents

Il y a 32 dents dans la bouche d'un adulte:
8 incisives, 4 canines,
8 prémolaires et
12 molaires. Les dents sont faites de dentine recouverte d'émail blanchâtre. L'émail est la substance la plus dure du corps humain.

Un repas sens dessus dessous

Une fois goûtée, mâchée et avalée, la nourriture descend dans l'estomac. Et elle y descendrait même si tu mangeais la tête en bas et les pieds en haut. En effet, les aliments sont poussés dans l'estomac par les muscles entourant l'oesophage. Ce phénomène d'avancement par contractions musculaires se nomme péristaltisme.

Ça a bon goût

Avec ses 9 000 papilles gustatives, la langue permet de percevoir les goûts. L'arrière de la langue goûte l'amer; les côtés, l'aigre; le milieu, le sucré; et le bout, le salé. L'odeur des aliments en modifie le goût.

Difficile à digérer

L'estomac produit des sucs et des acides digestifs très forts qui désintègrent la nourriture absorbée. Il peut contenir 1,5 L d'aliments broyés. Ces aliments passent ensuite dans l'intestin grêle qui mesure 7 m de longueur. C'est là que sont absorbées les substances nutritives.

Et ça continue

La nourriture est ensuite poussée dans le gros intestin, lequel ne mesure que 1,8 m de longueur. Là, l'eau contenue dans les aliments retourne dans le corps et les déchets attendent d'être évacués. Le passage de la nourriture à travers le système digestif prend environ 24 heures. Au cours de sa vie, l'être humain mange en moyenne 30 t d'aliments.

Un bon nettoyage

Chaque jour, les reins filtrent 180 L d'eau contenue dans le sang. Ils éliminent tous les déchets et renvoient la majeure partie de cette eau dans le sang. Les déchets, appelés urine, sont envoyés à la vessie.

Besoins naturels

Les reins produisent environ 1,5 L d'urine par jour, davantage quand on boit beaucoup, moins quand on sue. L'urine séjourne dans la vessie jusqu'à ce qu'elle soit évacuée. La vessie signale qu'elle est pleine lorsqu'elle a accumulé 200 à 300 mL d'urine. Cependant, elle peut en contenir jusqu'à 500 mL. Lorsqu'elle est ainsi remplie, impossible de se retenir!

Souffle de vie

Les poumons sont des poches spongieuses qui se remplissent d'air quand on inspire. L'air voyage dans des conduits se terminant par de minuscules sacs appelés alvéoles. Si elles étaient étendues, les 7 millions d'alvéoles que compte chaque poumon pourraient recouvrir un court de tennis en entier. Les parois très minces des alvéoles permettent à l'oxygène de passer dans le sang.

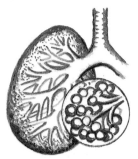

Prendre une grande inspiration

Chaque jour, nous respirons 15 m^3 d'air, soit le volume d'une petite chambre à coucher. Lorsque l'on tousse, pour expulser quelque chose de la trachée, l'air sort des poumons et passe à travers les cordes vocales à 100 km/h.

Voyage au bout... du corps

Les substances nutritives absorbées lors de la digestion, ainsi que l'oxygène filtré par les poumons et les déchets destinés aux reins sont transportés dans le sang à travers le corps. Il y a près de 100 000 km de vaisseaux sanguins dans le corps humain. Mis bout à bout, ceux-ci feraient deux fois et demie le tour de la Terre.

Au coeur des choses

Le coeur est en fait un gros muscle. Il bat environ 70 fois par minute. Lorsqu'il cesse de battre, les tissus organiques sont privés d'oxygène et de substances nutritives, ce qui entraîne la mort.

Aller et retour

Le sang sort du coeur par des artères aux épaisses parois qui se ramifient et deviennent de plus en plus étroites. Les minuscules capillaires contenus dans les tissus ont de minces parois permettant aux agents chimiques de passer au travers. Puis, les vaisseaux se regroupent de nouveau et deviennent des veines. Celles-ci sont dotées de valvules qui règlent la circulation du sang en direction du coeur.

Coeur à coeur

Le coeur travaille doublement. En effet, il fait circuler le sang dans tout le corps, puis dans les poumons, au rythme de 4,5 à 9 L par minute. Ce rythme peut augmenter jusqu'à 30 fois quand nous faisons de l'exercice.

Le sang

Le corps d'un adulte contient environ 6 L de sang. Le sang se compose de 50 % d'eau dans laquelle sont dissous les substances nutritives et les déchets. Une seule gouttelette de sang renferme 6 millions de globules rouges. Ce sont eux qui transportent l'oxygène. Elle contient également 10 000 globules blancs qui ont pour mission de combattre les maladies, et 250 000 plaquettes qui contribuent à la coagulation du sang.

Sang neuf

Les globules rouges vivent environ 4 mois. Au cours de cette période, ils font 172 000 fois le tour de l'organisme. Chaque seconde, 2 millions de nouveaux globules rouges sont générés.

Enveloppe corporelle

La peau est le plus gros organe du corps. Ses fonctions sont multiples. Elle nous protège et garde les liquides organiques à l'intérieur du corps et les saletés, à l'extérieur. Elle sécrète même une huile imperméable, appelée sébum. La sensibilité cutanée correspond au sens du toucher et permet également de percevoir la température et la douleur.

Au frais

Grâce aux 3 millions de glandes sudoripares qu'elle renferme, la peau nous permet de nous rafraîchir en produisant 1 à 2 L de sueur par jour.

Peau morte

Les cellules cutanées ne vivent que 4 semaines. Ces cellules prennent naissance dans les couches inférieures de la peau. Petit à petit, elles meurent et deviennent des squames qui se détachent sans douleur.

Système pileux

Des poils poussent partout sur le corps à partir des minuscules pores de la peau. La tête compte à peu près 100 000 cheveux. Un cheveu croît de 12 cm environ par année et, s'il n'était pas coupé, il pourrait même atteindre 1 m de longueur.

Sur le bout des ongles

Les ongles poussent de 5 cm environ par an. Chez les droitiers, soit 19 personnes sur 20, les ongles de la main droite poussent plus rapidement que ceux de la main gauche.

L'ère de la vapeur

Au début du 18e siècle, des ingénieurs britanniques tels que Thomas Savery, John Newcomen et James Watt ont exploité l'idée de l'énergie par la vapeur. En chauffant, l'eau produit de la vapeur qui prend de l'expansion. La pression causée par cette expansion pousse un piston à l'intérieur d'un cylindre. L'autre extrémité du piston est reliée à une roue au moyen d'un joint pivotant et les mouvements du piston font tourner la roue.

À toute vapeur

Vers la fin du 18e siècle, on utilise les moteurs à vapeur pour produire la force stationnaire. Le premier véhicule de passagers mû par la vapeur est construit par Richard Trevithick en 1800.

Locomotive à vapeur

En 1814, l'ingénieur anglais George Stephenson construit la première locomotive à vapeur qu'il baptise *Blucher*. On lui doit également la première ligne de chemin de fer exclusivement réservée au cargo, laquelle reliait Stockton et Darlington. Le train qui inaugure cette ligne, en 1825, est tiré par la locomotive *Locomotion*. Lors d'une compétition tenue en 1829, le *Rocket* de Stephenson est jugé le meilleur moteur qui soit.

Des passagers

En 1830, le premier train de passagers assure la liaison entre Liverpool et Manchester. En 1844, 8 000 km de voies ferrées sillonnent la Grande-Bretagne. Le chemin de fer s'étend à la plupart des autres pays au cours des décennies suivantes.

Big Boys

En Amérique du Nord, la première locomotive à vapeur est construite par John Stevens. La première ligne régulière, le *South Carolina Railroad*, est inaugurée en 1830. Les trains à vapeur les plus puissants jamais construits étaient les "Big Boys" américains. Ils développaient des puissances de 7 000 chevaux-vapeur.

Trains électriques

Bientôt, l'énergie à vapeur ne suffit plus. Les trains électriques sont dotés de moteurs alimentés à l'électricité, laquelle provient d'un rail ou de câbles électriques aériens. Le premier service de train électrique est fondé à Berlin, en 1889. En 1890, Londres inaugure sa première ligne souterraine électrifiée.

Pas de teuf-teuf

En 1890, un Allemand du nom de Rudolf Diesel invente le moteur diesel. Ce moteur fonctionne selon un principe similaire à celui du moteur à essence. Le combustible diesel est mélangé avec de l'air et comprimé jusqu'à ce que la pression élevée provoque l'explosion du mélange et actionne le piston dans le cylindre. Ce piston est attaché à un vilebrequin. Les moteurs diesels sont extrêmement efficaces et puissants.

Trains à la bi-énergie

Les trains diesel-électriques utilisent un moteur diesel pour alimenter une génératrice produisant de l'électricité. Les moteurs du train fonctionnent ensuite à l'électricité. C'est en Suède, en 1913, que l'on a pu voir le premier autorail diesel-électrique.

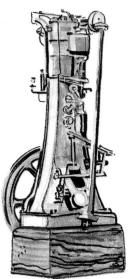

Enfin, des trains à l'heure!

Le record de vitesse de tous les temps pour une locomotive à vapeur est de 203 km/h et a été obtenu en 1938 par le train *Mallard*. En 1991, le *TGV* français a atteint la vitesse de 380 km/h. Le *British Advanced Passenger Train* peut atteindre 261 km/h lors de ses voyages entre Glasgow et Londres.

...oiture!

...ourd'hui, il y a plus de ...0 000 km de voies ...errées en Amérique du Nord, 98 000 km en Amérique du Sud, 420 000 km en Europe, 145 000 km en Asie, et 75 000 km en Afrique.

Records du rail

La plus longue voie ferrée du monde traverse la CEI, depuis Moscou jusqu'à la côte est. Il faut plus de 8 jours pour parcourir ces 95 000 km. Le plus long chemin de fer en ligne droite s'étire sur 478 km dans la plaine de Nullarbor, en Australie.

Maglev

Les trains qui roulent sur rails seront toujours un peu ralentis par la friction. On a donc appliqué le principe de la répulsion magnétique pour faire léviter les trains au-dessus de leurs rails de façon magnétique. Le record mondial de vitesse pour un train "Maglev" est de 517 km/h et est détenu par les Japonais.

Une merveilleuse invention

Trop gros et trop salissants, les moteurs à vapeur n'offraient pas un assez bon rendement pour faire fonctionner des véhicules ne transportant que quelques passagers. L'invention du moteur à essence ou à combustion interne a probablement révolutionné le monde. Ce moteur a été conçu en 1884 par un Allemand nommé Gottlieb Daimler.

Les débuts de l'automobile

La première voiture à quatre roues construite par Daimler voit le jour en 1886. En 1890, Karl Benz conçoit la première voiture mise en production. Le modèle T de Henry Ford devient la première automobile fabriquée en série, par une chaîne de production, aux États-Unis. C'est en 1908.

La supervoiture

L'une des voitures les plus perfectionnées actuellement sur le marché est la BMW de la série 7. De forme aéro-dynamique, l'auto est dotée d'un moteur turbo V-12, d'un système de freinage anti-blocage (ABS), d'une direction assistée, et même d'essuie-glace dont la pression se règle selon la vitesse à laquelle roule la voiture. Un ordinateur de bord commande tous les dispositifs reliés au moteur et autres gadgets.

Pilote automatique

L'ordinateur de la BMW 7 règle automatiquement les rétroviseurs pour la marche arrière et déver-rouille les portières après un accident. Il détecte même les problèmes de fonctionnement et en avertit le conducteur. Au centre de service, il indique au mécanicien ce qui doit être fait. On travaille actuellement à la conception d'autos pouvant pratiquer au-tomatiquement, sans conducteur, les manoeuvres de station-nement.

Voitures de course

La technologie automobile ne cesse de progresser, et ce, grâce à la lutte que se livrent les constructeurs d'automobiles sur les pistes de course. Par exemple, la suspension indépendante, l'aérodynamisme et le moteur turbo ont d'abord été éprouvés sur les voitures de course.

Un type de course différent

Une automobile ordinaire est équipée d'un moteur à quatre temps. Cela signifie que la course du piston se déroule en quatre étapes. En descendant, le piston fait entrer de l'air et du carburant, puis il remonte et comprime le mélange. Une étincelle enflamme le mélange, le piston est chassé vers le bas. En remontant, il expulse les gaz brûlés. Certains moteurs de motocyclette effectuent ce cycle en deux temps.

Bouchons... de circulation

Aujourd'hui, il y a 23 millions de véhicules à essence sur les routes de Grande-Bretagne. Les gens parcourent en moyenne 12 000 km par an en voiture. Les deux tiers des ménages possèdent au moins une voiture. Cependant, les deux cinquièmes des trajets en auto sont inférieurs à 5 km. Pour économiser le pétrole et combattre la pollution, pourquoi ne pas marcher cette distance?

Sur deux roues

La motocyclette a été inventée en 1885. À l'origine, elle était faite en bois et atteignait la vitesse vertigineuse de 19 km/h. Les motos de course modernes roulent à plus de 300 km/h.

À bicyclette

Les Britanniques parcourent annuellement 5,6 millions de kilomètres à bicyclette. Un cycliste doit pédaler 2 575 km pour dépenser une quantité d'énergie comparable à celle fournie par 4,5 L d'essence.

Sur l'eau

Il y a 8 000 ans, on naviguait à bord d'embarcations faites de roseaux ou de troncs d'arbres évidés. Depuis, divers types de bateaux ont sillonné les mers. Parmi ceux-ci, les drakkars des Vikings et les galions à trois mâts qui font leur apparition au 16e siècle.

Du vent dans les voiles

Les Égyptiens ont vite compris qu'ils pouvaient se servir de voiles pour recevoir l'action du vent et faire avancer leurs bateaux. Outre les rames actionnées par des hommes, la voile est le seul moyen de propulsion des bateaux jusqu'au 19e siècle.

Voiliers modernes

En 1980, les Japonais ont construit un cargo à voiles. Le déploiement des voiles d'acier et de plastique est commandé par ordinateur selon les vents. Cette voilure permet de réduire la consommation d'essence d'un dixième.

Le bateau à aubes

Le premier bateau à vapeur est construit par Jouffroy d'Abbans, en 1783. Les vapeurs à aubes font leur apparition en 1800. D'immenses roues à aubes sur les côtés ou à l'arrière faisaient avancer le bateau. L'hélice n'est inventée qu'en 1836. En 1845, le *Great Britain* est le premier vapeur à hélice qui traverse l'Atlantique.

Au royaume de Neptune

Le premier sous-marin pratique a été conçu en 1776 par David Bushnell. Les sous-marins ont été développés au début du 20e siècle à des fins militaires. À la surface, ils étaient propulsés par des moteurs diesels et sous l'eau, par des moteurs électriques. Les sous-marins nucléaires ont une portée de tir de plusieurs milliers de kilomètres et peuvent rester submergés pendant des mois.

Records sous-marins

Le sous-marin pouvant atteindre la plus grande profondeur est l'*Alpha* soviétique avec sa coque de titane. Il peut plonger jusqu'à 700 m de profondeur, comme fait un phoque Weddel. Le bathyscaphe *Trieste* détient le record de plongée pour un appareil d'exploration des grandes profondeurs. En 1960, il est descendu jusqu'à 10 917 m.

Sonar

Les sous-marins utilisent de l'équipement de détection et de communication pour naviguer et détecter les objets autour d'eux. Un émetteur émet des ultrasons. Quand ceux-ci rencontrent un obstacle, ils sont réfléchis vers le lieu d'émission et captés par des micros sous-marins. La différence de temps entre l'émission des ultrasons et leur retour indique la distance des objets.

Un bateau à jupe!

L'aéroglisseur fonctionne au moyen d'un énorme éventail qui souffle de l'air vers le bas. Le véhicule se trouve alors soulevé et glisse sur l'eau. L'air est enfermé entre le fond du véhicule et le sol, ou l'eau, au moyen d'une grosse jupe flexible. Ce coussin d'air assure une meilleure puissance de "décollage" et une meilleure stabilité.

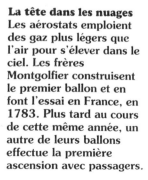

À la surface

L'hydroptère se déplace au-dessus de l'eau. Des patins agissent comme des ailes et soulèvent le bateau. Comme la résistance est moindre, le bateau peut aller plus vite.

La tête dans les nuages

Les aérostats emploient des gaz plus légers que l'air pour s'élever dans le ciel. Les frères Montgolfier construisent le premier ballon et en font l'essai en France, en 1783. Plus tard au cours de cette même année, un autre de leurs ballons effectue la première ascension avec passagers.

Les dirigeables

Le plus gros dirigeable était le *Graf Zeppelin*. Mesurant 245 m et pesant plus de 210 t, il fut utilisé par les Allemands pour espionner les Anglais pendant la Seconde Guerre mondiale. De nos jours, ballons et dirigeables sont réservés aux loisirs. Des ballons météorologiques transportant des radiosondes sont envoyés dans l'atmosphère pour enregistrer les données météorologiques.

Propulsion... à réaction

Les ailes ne sont efficaces que si elles se déplacent à grande vitesse. Les petits avions sont propulsés au moyen d'hélices tandis que les gros avions le sont à l'aide de moteurs à réaction. Ces moteurs utilisent les gaz de combustion du carburant pour faire avancer l'avion.

Ailes... d'avion

Une aile d'avion a une forme aérodynamique particulière. Sa surface supérieure est courbée de façon que l'air se déplace plus rapidement en dessus de l'aile qu'en dessous. Le vide partiel ainsi créé assure la sustentation de l'avion en vol. Certains avions ont une voilure fixe et d'autres, une voilure rotative, mais le principe demeure le même.

Un moteur gourmand

Le turboréacteur d'un avion de ligne moderne avale une tonne d'air... par seconde!

À la conquête des cieux

En 1903, l'Américain Orville Wright réussit le premier vol avec un aéronef à moteur. Son appareil, le *Flyer* I, parcourt 36,5 m à 48 km/h, à une altitude de 3 m. Le vol dure 12 secondes.

Autour du monde

Dix-huit jours plus tard, Alcock et Brown traversent l'Atlantique sans escale en 16 heures et 27 minutes. Le premier vol sans escale autour du monde a été effectué en 1949. Le périple a duré 94 heures et l'avion a été ravitaillé quatre fois en vol.

Un super coucou

Le *Concorde* transporte 128 passagers à la vitesse supersonique de 2 300 km/h (Mach 2,2). C'est l'avion de ligne le plus rapide du monde et il assure la liaison entre Londres et New York en moins de 3 heures.

L'aviation progresse

La première traversée de la Manche en avion est effectuée en 1909 par Louis Blériot. Le premier vol transatlantique a lieu en 1919. La traversée de 7 591 km dure 53 heures et 58 minutes et nécessite une escale à mi-chemin.

Hélicoptères

Les hélicoptères ont des ailes rotatives qui assurent un décollage à la verticale. Le plus gros hélicoptère du monde est un appareil soviétique, le V-12. Un hélicoptère de type similaire a soulevé la plus grosse charge qui soit, 56 t.

Vélo aérien

En 1979, un aéroplane baptisé *Gossamer Albatros* traversait la Manche à quelques mètres seulement au-dessus des vagues. Cet appareil mû par un système de pédalier avait une envergure de 29 m.

L'ultime frontière

Les vols dans l'espace dépendent des moteurs à réaction hautement perfectionnés. Le premier lancement réussi a lieu en 1926. Mais il faut attendre jusqu'en 1957 pour que le premier satellite soit placé en orbite autour de la Terre. Il s'agit de *Spoutnik I*, lancé dans l'espace par une fusée soviétique R-7.

Le premier homme de l'espace

Youri Gagarine est le premier homme à voyager dans l'espace. En 1961, il accomplit une révolution autour de la Terre à bord du *Vostok I*, un appareil soviétique. En 1965, un autre Soviétique, Aleksei Leonov, sort de son appareil pour effectuer la première marche dans l'espace.

On a marché sur la Lune...

Neil Armstrong et Edwin Aldrin sont les premiers hommes à marcher sur la Lune, en 1969. Il n'y a pas d'atmosphère sur la Lune et par conséquent, pas de conditions atmosphériques. Le drapeau américain qu'ils ont planté est tendu par une tige. Les empreintes laissées sur le sol lunaire par les astronautes seront encore là quand d'autres visiteurs débarqueront car il n'y a pas de vent pour les effacer.

Vaisseaux de l'espace

En 1972, les États-Unis lancent *Pioneer 10*. Cet appareil a dépassé Jupiter et est le premier objet artificiel qui soit sorti du système solaire.

Navette spatiale

En 1981, les Américains lancent la première navette spatiale *Columbia*. Cet appareil est placé sur orbite à l'aide d'un énorme réservoir d'essence et de deux fusées de lancement, lesquels sont largués au moment où la navette quitte l'atmosphère. La navette peut transporter du matériel dans l'espace et rentre dans l'atmosphère en planant. Elle peut être réutilisée de nombreuses fois.

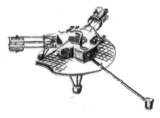

Force et statistiques

...une des fusées de ...ement qui projettent ...navette dans l'espace ...énère une poussée de 1,3 million de kilogrammes. La navette elle-même est équipée de trois moteurs à carburant liquide, qui utilisent les 4 millions de litres de carburant contenus dans l'énorme réservoir auquel elle est amarrée.

En orbite

Les satellites sont placés en orbite par des dispositifs tels que la fusée européenne *Ariane*. *Spoutnik I*, le premier satellite, était équipé d'un émetteur radio. Les premiers satellites n'étaient que d'énormes ballons recouverts de métal qui réfléchissaient les ondes radio.

Communication par satellite

Les satellites complexes modernes sont maintenant utilisés en météorologie et en télécommunication. Grâce à eux, 30 000 appels téléphoniques peuvent être effectués en même temps! Les satellites ont recours à l'énergie solaire et aux ordinateurs pour demeurer en position au-dessus d'un point déterminé à la surface de la Terre.

Quelle tuile!

Le nez et le dessous du fuselage de la navette sont recouverts de 30 000 tuiles de céramique résistante à la chaleur pour empêcher qu'elle prenne feu au moment de la rentrée dans l'atmosphère.

Jeu magnétique

Un aimant qui tourne sur lui-même entre deux serpentins de fil génère de l'électricité dans ces fils. Ce phénomène, appelé induction magnétique, est à la base de la production de l'énergie électrique. C'est aussi l'inverse de ce qui se produit avec un moteur électrique, alors que l'électricité qui passe à travers une bobine la rend magnétique et la fait tourner sur elle-même entre les aimants.

Ton moulin va trop vite...

On a utilisé des moulins à vent pendant des milliers d'années pour pomper l'eau et moudre les céréales. Cependant, on s'est aperçu que le vent est une source d'énergie inépuisable et non polluante. Des moulins à vent géants dont les pales ont une envergure de 100 m alimentent des générateurs qui produisent de l'électricité.

Énergie hydraulique

Depuis des siècles, on utilise l'eau pour faire tourner des meules. Aujourd'hui, la majeure partie de l'électricité mondiale est produite par l'énergie des chutes d'eau qui alimente des générateurs. C'est ce qu'on appelle l'hydro-électricité. L'un des plus gros barrages de centrale hydro-électrique est le *Hoover Dam*, situé au Nevada, aux États-Unis. Il mesure 221 m de hauteur.

Combustibles fossiles

Le charbon, le gaz et le pétrole sont des combustibles fossiles, c'est-à-dire des débris de végétaux et d'animaux conservés dans la terre pendant plusieurs centaines de millions d'années. Toutefois, les réserves de combustibles fossiles sont limitées et les gaz qu'ils libèrent en brûlant sont polluants.

La fission nucléaire

Chaque atome est composé d'un noyau autour duquel gravitent des électrons. Certaines substances, dont l'uranium 235, ont un noyau instable. Lorsqu'il est heurté par d'autres particules atomiques, ce noyau se sépare. Cette réaction dégage de l'énergie sous forme de chaleur et provoque une nouvelle émission de particules atomiques qui bombardent à leur tour les atomes qui les entourent. C'est une réaction en chaîne!

Une énergie à contrôler

Le dégagement de chaleur accompagnant la fission nucléaire produit de la vapeur qui sert à actionner des turbines de générateurs. L'énergie nucléaire nécessite des dispositifs de contrôle extrêmement efficaces pour éviter tout risque de radiation. Certaines des particules atomiques libérées ne sont pas utiles et sont absorbées par des barres de contrôle.

Une solution de rechange

Les problèmes environnementaux liés à l'utilisation des combustibles fossiles et de l'énergie nucléaire incitent les scientifiques à rechercher de meilleures façons de produire de l'électricité. En France, on a capté l'énergie des marées dans l'estuaire de la rivière Rance. L'usine marémotrice qui s'y trouve produit 544 millions de kilowatts. Au Canada, dans une centrale d'énergie solaire, 1 800 miroirs captent l'énergie rayonnée par le Soleil. En Inde, on utilise des excréments d'animaux pour produire du méthane, un gaz combustible.

Mégavolts

L'électricité est transportée au moyen de aériens et souterrains. Pour ce faire, on utilise des tensions de transport extrêmement élevées, pouvant atteindre plus de 500 millions de volts, car les hautes tensions voyagent plus efficacement sur les longues distances. Aux points de transformation, ces tensions sont abaissées à 220-240 volts au moyen de transformateurs avant d'être distribuées dans les maisons. Les lignes à haute tension sont extrêmement dangereuses.

Ça tombe pile

En 1800, Alessandro Volta présente devant Napoléon un dispositif produisant de l'électricité. Fait de disques de cuivre et de zinc séparés par des couches de feutre trempé dans l'acide, ce dispositif est la première pile électrique.

...e citronnée

...urant électrique est ...duit par une série ...lectrons voyageant ...un pôle négatif à un ...ôle positif. Les électrons passent entre deux différents métaux trempés dans un acide. Il est possible de générer soi-même un courant électrique en enfonçant une punaise et un trombone de chaque côté d'une moitié de citron frais et en les reliant à une ampoule, à l'aide d'un fil de métal. Est-ce que l'ampoule s'allume?

Spectacle de lumière

En 1962, on a braqué un faisceau laser sur la Lune à l'aide d'un télescope. Le rayon ainsi produit a duré $1/5\ 000^e$ de seconde et a illuminé un cercle de 6,4 km sur la Lune. Il était si puissant qu'il aurait pu percer un trou dans un diamant.

Une idée lumineuse

Les premières ampoules électriques avec filament ont été produites en série par Thomas Edison, en 1880. Les ampoules modernes fournissent jusqu'à 1 000 heures d'éclairage. Cependant, elles semblent toujours griller au mauvais moment!

Couper avec... la lumière

Les chirurgiens ont maintenant recours au laser pour pratiquer des interventions délicates, surtout sur l'oeil. L'énergie extrêmement concentrée coupe les tissus et la chaleur active la coagulation.

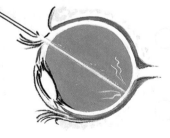

Trucs et lumière
Les rayons de lumière voyagent à la vitesse de 300 000 000 m/s, en ligne droite. En faisant dévier la lumière au moyen de miroirs ou de lentilles, on peut modifier notre vision des choses.

Un monde microscopique
En 1673, Antonie Van Leeuwehoek, un Hollandais, invente un microscope qui grossit 300 fois et qui lui permet de voir les cellules à l'intérieur de sa bouche. Les microscopes utilisent un système de lentilles pour réfracter la lumière.

Trucs et électrosons
Les microscopes électroniques fonctionnent au moyen d'aimants faisant dévier un influx d'électrons. Le microscope le plus puissant grossit 100 millions de fois et permet de voir les gros atomes.

Pour améliorer la vue
On utilise les lentilles en verre ou en plastique pour améliorer la vue des gens. Très peu de personnes ont une vue parfaite. Les lentilles convexes corrigent l'hypermétropie et les lentilles concaves, la myopie. Autant qu'on sache, Galilée, qui vivait au 17e siècle, est la première personne ayant porté des lunettes.

...re sidérale

...e est également la
...ière personne ayant
...ervé les étoiles avec
... télescope. Vers 1609,
...observe déjà les étoiles
grossies 30 fois. Il
distingue des cratères sur
la Lune et des taches sur
le Soleil. Il observe
également la planète
Vénus et les lunes de
Jupiter.

Encore plus loin

Le télescope spatial
Hubble a été en orbite à
bord de la navette spatiale
en 1990. Il permet d'étu-
dier des corps célestes
7 fois plus éloignés que
ceux que l'on observe
avec les meilleurs télescopes terrestres, et de façon
beaucoup plus précise.

De plus en plus loin

À mesure que l'optique se
raffine, on fabrique des
télescopes de plus en plus
puissants. En 1897, on
installe un télescope dont
l'objectif possède un dia-
mètre de plus de 1 m à
l'observatoire de Yerkes
au Wisconsin, aux États-
Unis. Toujours en fonc-
tion, il demeure le meilleur
télescope du genre.

Étoiles radiophoniques

En plus d'irradier de la
lumière, les étoiles éloi-
gnées émettent des ondes
radioélectriques. On
observe donc ces étoiles
au moyen de radiotélés-
copes. Ces appareils
permettent de "jeter un
coup d'oeil" sur des gala-
xies situées à 20 millions
d'années-lumière.

Les premiers appareils photo

Les Grecs réussissaient à reproduire une image au moyen d'une chambre noire. Toutefois, pour saisir cette image, il fallait en tracer les contours, et ce, jusqu'à l'invention des plaques photographiques en 1826.

Souvenirs de vacances

L'appareil photo 35 mm est mis sur le marché en 1924. L'ampoule de flash est inventée peu de temps après. La pellicule couleur apparaît en 1942 et le procédé polaroïd d'impression en une étape voit le jour en 1947.

Action!

Les films cinématographiques sont inventés au cours des années 1890. Aujourd'hui, les caméras ultrarapides peuvent reproduire des mouvements qui se déroulent à grande vitesse. Elles peuvent enregistrer jusqu'à 10 000 prises de vue par seconde. Chaque seconde correspond à 60 m de film!

Place au cinéma!

La première projection cinématographique a lieu en 1894 à Broadway, New York. En France, les frères Lumière présentent le premier film sur écran en 1895. En 1922, on projette à Londres le premier film parlant, avec bande sonore synchronisée.

Photos en trois dimensions

L'holographie a été inventée en 1947. On obtient un hologramme en faisant réfléchir un faisceau de laser sur l'objet photographié au moyen d'une plaque holographique et en dirigeant un autre rayon laser directement sur l'objet. Ces deux rayons se renforcent l'un l'autre ou s'annulent et la figure d'interférences qui en résulte est enregistrée sur la plaque. Lorsque la plaque développée est examinée à la lumière laser, on obtient une image à trois dimensions.

Une lumière extraordinaire

La lumière produite par le laser a toujours une couleur pure et unique. Elle est beaucoup plus intense que la lumière ordinaire et voyage en ligne droite sans dévier. Le sigle laser signifie Light Amplification by Stimulated Emission of Radiation (amplification de la lumière par l'émission simulée de radiations).

Haute fidélité

On fait la démonstration du premier phonographe en 1888. Les premiers enregistrements sont gravés sur des cylindres enduits de cire. Les disques en vinyle sont introduits sur le marché par Columbia, en 1948. Il faut attendre jusqu'en 1958 pour se procurer des chaînes stéréo.

Bande vidéo

À l'intérieur d'un magnétoscope, la bande passe entre les têtes d'enregistrement à la vitesse de 2 cm/s. L'image est enregistrée sous forme de plaques magnétiques sur des pistes de 0,025 mm de largeur. Le son est enregistré sur des pistes distinctes, sur la partie supérieure de la bande.

Pour ne rien manquer

L'enregistrement magnétique est breveté en 1889. Les cassettes sont inventées par Decca en 1963. Les bandes vidéo fonctionnent de la même façon que les bandes sonores. La seule différence, c'est qu'elles sont plus larges et contiennent plus d'information. Elle sont offertes sur le marché en 1972.

...ques compacts

...chniques d'enregis-
...ent utilisées pour les
...des magnétiques et les
...ques en vinyle n'assu-
...ent pas une qualité cons-
...ante. Les disques com-
pacts font appel à une
technique appelée enregistrement numérique. Les
sons sont enregistrés sur
une bande magnétique
sous forme de codes nu-
mériques. Lorsqu'ils sont
transférés sur les pistes
d'un disque compact, ces
codes qui apparaissent
comme des points et des
tirets ne peuvent absolu-
ment pas être modifiés. La
lecture des disques com-
pacts se fait par le
dessous au moyen de
rayons laser.

Disques records
En 1985, les Beatles
avaient vendu plus de
200 millions de disques.
Ce sont eux également
qui ont eu le plus de
premiers titres au
palmarès. Leur
microsillon, *The Beatles*,
s'est vendu à plus
de 2 millions
d'exemplaires au cours de
la première semaine de sa
parution. Jusqu'à
maintenant, 130 millions
de copies de la chanson
White Christmas chantée
par Bing Crosby ont été
vendues.

Les débuts de l'imprimerie

La presse à imprimer est inventée en 1450 par Johannes Gutenberg. Pendant 450 ans, on a imprimé en plaçant à la main chaque lettre d'imprimerie sur une plaque. La plaque enduite d'encre était ensuite pressée sur le papier.

Caractères... d'imprimerie

La linotype est encore utilisée par certains imprimeurs de journaux. Cette machine compose automatiquement les lignes de lettres et d'espaces au fur et à mesure que l'article est tapé. Des machines plus modernes de photocomposition font un travail similaire à l'aide de la photographie. Cependant, l'imprimerie fait de plus en plus appel à l'informatique. Tout le travail de rédaction, de correction d'épreuves, de mise en page et de préparation des plaques d'impression peut maintenant se faire sur ordinateur.

Allô, j'écoute

Le téléphone a été inventé par Alexander Bell, en 1876. Au tout début du téléphone, il fallait d'abord passer par le standard local. L'opératrice mettait alors l'abonné en communication avec le numéro demandé en branchant le bon fil dans le bon trou!

...one arabe
...ards modernes
...traiter des
...s d'appels télé-
...iques à la fois.
...demment, tout se fait
...r ordinateur. Pour
acheminer simultanément
plusieurs milliers d'appels
par le même câble télé-
phonique, chaque appel
est décomposé en bits
d'information. Plusieurs
millions de bits voyagent
à la seconde.

La distance n'a pas d'importance

Auparavant, les appels in-
tercontinentaux étaient
acheminés au moyen de
câbles sous-marins. De
nos jours, des satellites en
orbite autour de la Terre
réfléchissent les ondes
entre les continents. Les
fibres optiques vont pro-
bablement bientôt rempla-
cer les câbles. Tandis que
ceux-ci transmettent des
signaux électriques, les
fibres optiques transmet-
tent l'information sous
forme de faibles pulsations.

De plus en plus perfectionné

Aujourd'hui, les
ordinateurs utilisent le
modem, un appareil de
téléphonie, pour échanger
des données. On se sert
également des lignes téléphoniques pour envoyer
des documents et des
photos par télécopieur.
Les radiotéléphones n'ont
pas de fils et peuvent être
utilisés n'importe où à
l'intérieur du rayon
d'action de leur émetteur.
Les téléphones cellulaires
captent les ondes des
émetteurs cellulaires les
plus proches.

Qu'est-ce qu'il y a à la télé?

L'année 1886 marque la découverte des ondes radio et au cours des années 1920, la majorité des foyers ont leur poste de radio. Les premières images télévisées sont transmises en 1907. En 1936, on peut se procurer des téléviseurs en noir et blanc. Durant les années 1950, la télévision en couleur est la toute dernière nouveauté en matière de technologie.

Du nouveau pour la télévision

Les images télévisées sont relayées entre les continents depuis 1962. Actuellement, bon nombre de maisons sont équipées d'une antenne parabolique et les premières radiodiffusions publiques par satellite ont eu lieu vers la fin des années 1980. Grâce à la câblodistribution, les fibres optiques permettent également aux abonnés de capter davantage de chaînes.

...sions variées

...s grand écran de ...ouleur a été fabriqué ... la compagnie ...ponaise Sony, en ...985. Il mesure 24,3 m sur 45,7 m. Le plus petit téléviseur en noir et blanc avait la taille d'une... montre-bracelet et a été conçu en 1982 par Seiko. Le plus petit téléviseur couleur avec tube et écran électronique mesure 7,6 cm sur 17,1 cm sur 2,8 cm, et ne pèse que 453 g.

En reprise

Quelle est l'émission la plus souvent diffusée à la télévision britannique? *Andy Pandy*. Les 26 épisodes ont été représentés pendant 20 ans.

Au profit de la faim dans le monde

La télévision entre dans plus de 500 millions de foyers à travers le monde. On estime que 1,6 milliard de personnes, soit le tiers de la population mondiale, ont regardé le *Live Aid Concert* organisé par Bob Geldof en 1984.

Le boulier

La première calculatrice a été le boulier compteur utilisé pendant plus de 2 000 ans. Le boulier permet à un opérateur qualifié d'effectuer des calculs mathématiques avec autant de rapidité et de précision qu'une calculatrice de poche. Déjà en 1890, on a utilisé un système informatique à cartes perforées dans le cadre d'un recensement aux États-Unis.

Maîtres du monde

De nos jours, les ordinateurs sont partout. On les retrouve dans les radioréveils, les feux de circulation, les caisses des supermarchés, les laveuses et les magnétoscopes. Ils sont utilisés par les compagnies de téléphone et de télévision, la police, les entreprises, les banques, les agences spatiales, et les enfants à l'école. Ce livre a d'ailleurs été écrit au moyen d'un ordinateur personnel.

Les ordinateurs d'abord

Les premiers ordinateurs ont été construits au cours des années 1950. Ils occupaient des pièces entières. Cependant, ils étaient moins puissants que les calculatrices de poche actuelles. Durant les années 1960, l'invention des transistors et des plaquettes de circuits imprimés a permis de concevoir des ordinateurs plus petits.

Machines à calculer

Le premier calculateur entièrement automatique, le *Harvard Mark I*, a entrepris ses 15 années de service en 1943. Il occupait une pièce et mettait 0,3 seconde à exécuter une addition ou une soustraction. Les gros ordinateurs actuels exécutent 100 millions d'opérations mathématiques par seconde.

La logique même

Les ordinateurs réussissent à exécuter des tâches complexes en les décomposant en étapes simples. La partie centrale d'un ordinateur personnel est le microprocesseur. Celui-ci lit les instructions du programme, exécute ces instructions en fonction de l'information en mémoire et enregistre les résultats. Il répète toutes ces opérations plusieurs milliers de fois par seconde.

De véritables sacs à puces

Au cours des années 1970, les microprocesseurs commencent à remplacer les plaquettes de circuit imprimé dans les ordinateurs. Les plaquettes de circuit imprimé modernes sont faites de puces de silicium sur lesquelles sont gravés des circuits microscopiques. Ces puces, des petits carrés de 6 mm, peuvent contenir plus de 200 000 informations.

Langage informatique

Les ordinateurs ne peuvent exécuter que les tâches pour lesquelles ils sont programmés. Il existe donc des langages spéciaux tels que *Basic* que les programmeurs utilisent pour communiquer avec les machines. Un programme est une liste d'instructions indiquant à l'ordinateur comment traiter l'information. Les ordinateurs sont maintenant en mesure d'élaborer eux-mêmes des programmes et de battre les meilleurs joueurs d'échecs du monde.

Mauvaise mémoire

Les ordinateurs modernes peuvent exécuter des calculs complexes très rapidement. Toutefois, ils n'égalent pas encore le cerveau humain pour ce qui est de la mémoire. Si tous les ordinateurs des États-Unis étaient reliés, ils pourraient stocker 1 000 billions d'informations. La mémoire humaine est à peu près un million de fois plus puissante. Et la tienne?

Base de données

Pour exécuter les instructions d'un programme, les ordinateurs doivent recevoir toute l'information nécessaire. Cette information se nomme base de données. Les bases de données sont habituellement enregistrées sur disque.

Rejetons informatiques

On se sert d'ordinateurs pour aider à rédiger de nouveaux programmes informatiques et concevoir de nouveaux circuits destinés à de nouveaux ordinateurs. Les premiers ordinateurs ont contribué à concevoir la génération suivante d'ordinateurs plus puissants, lesquels ont à leur tour engendré une autre génération. Les scientifiques espèrent en fin de compte arriver à concevoir un ordinateur aussi puissant que le cerveau humain.

Disques souples

L'information destinée aux ordinateurs est stockée sur disque. Les disquettes sont des disques en plastique souples magnétisés que l'on peut retirer de l'ordinateur et ranger ailleurs. Une disquette pouvant tenir dans ta main contient autant d'informations écrites qu'un tiroir complet de classeur rempli de documents.

Ordinateurs mobiles

Les robots sont des machines qui exécutent des tâches sous la surveillance d'un ordinateur. On enseigne aux robots les plus simples, tels que ceux que l'on retrouve sur les chaînes de production automobile, ce qu'ils doivent faire et ils répètent ce mouvement à l'infini... même quand il n'y a plus de voiture!

Des robots intelligents?

Des robots plus perfectionnés sont dotés de "sens" qui leur permettent de modifier leurs mouvements. Ils ne possèdent que les sens nécessaires à l'exécution de leur tâche et ne peuvent prendre que les décisions pour lesquelles ils ont été programmés. Si le robot se trouve dans une situation qui ne correspond pas à sa formation, il est coincé et ne peut résoudre le problème.

Disque dur

Certains ordinateurs renferment un disque dur sur lequel sont stockés tous les programmes et toutes les informations. On peut enregistrer de nouvelles informations sur ce disque et copier les informations qu'il contient sur des disques souples.

Une civilisation de machines

Les machines sont conçues pour remplacer l'effort humain ou animal. Les machines les plus simples utilisent des principes de base comme le levier, le coin, la roue, la poulie et la vis. Les machines plus complexes, comme l'automobile, sont en fait un assemblage de machines simples travaillant ensemble.

Monter en douceur

La rampe, tout comme le levier, est une machine simple. Il s'agit d'un plan incliné permettant de pousser ou de rouler des choses vers un point élevé. L'ascension est longue mais n'exige pas trop de force. Mais attention! Les objets montés peuvent aussi facilement en redescendre!

Rien pour rien

Le levier permet de multiplier une force appliquée à une résistance. Cependant, il faut pour cela transformer un gros mouvement en petit mouvement. Lorsque tu utilises un levier, comme une pince à levier, tu appuies sur une extrémité pour faire lever l'autre, mais la distance parcourue est très faible. On n'a rien pour rien!

Ces fameuses pyramides

Les pyramides d'Égypte ont été construites à l'aide d'imposantes rampes en terre. Des esclaves tiraient d'énormes blocs de pierre pesant des dizaines de tonnes sur une distance de 150 m jusqu'au haut de ces rampes.

Serrer la vis

Une vis est une tige cylindrique enroulée en spirale à la manière d'un tire-bouchon. Les Égyptiens utilisaient la "vis d'Archimède", un cylindre creux mobile autour d'un axe incliné pour élever l'eau du Nil et ainsi irriguer leurs champs. À l'intérieur des bétonnières modernes, une vis agite le ciment pendant le trajet vers le chantier.

Quel étage?

Le premier ascenseur a été inventé par l'Américain Elisha Otis au cours des années 1850. Les monte-charge existaient déjà depuis un bon moment. Cependant, Otis a mis au point un dispositif de sécurité. Actionné par un ressort, ce dispositif freine la descente de la cabine par frottement contre les rails de guidage en cas de rupture du câble.

Levier circulaire

La roue qui tourne sur son axe est un autre exemple de machine simple. C'est en quelque sorte un levier circulaire. En faisant tourner l'extérieur de la roue, comme quand on actionne un batteur à oeufs, on fait tourner l'axe sur lui-même sans forcer. L'axe fait le travail à notre place.

Renvoyer l'ascenseur

Dans les gratte-ciel modernes, des ascenseurs ultrarapides franchissent plus de 7 m à la seconde. Le principal problème, ce n'est pas la mécanique. Ce sont les passagers qui ont le mal des transports!

La cuisson par les ondes

Dans un four à micro-ondes, les micro-ondes se réfléchissent sur les aliments. Les ondes, produites par un magnétron, activent les molécules contenues dans les parties liquides des aliments. Celles-ci vibrent et se réchauffent. Plus il y a de liquide, plus la cuisson est rapide.

De l'encre en poudre

Tu as déjà frotté un ballon dans tes cheveux pour le faire tenir au mur. Le photocopieur, une machine assez complexe, fonctionne un peu de la même manière. L'effet de "colle" est causé par l'électrostatique. Dans un photocopieur, une image originale est réfléchie sur un tambour enduit de sélénium. Cela provoque une décharge électrostatique qui attire une poudre noire, l'encre. Le tambour presse ensuite la poudre sur une feuille de papier pour faire une copie.

Que sont les micro-ondes?

Les micro-ondes font partie du spectre électromagnétique d'ondes, avec les ondes lumineuses et les ondes radio. Leur longueur d'onde (la distance entre la crête d'une onde et le sommet de la suivante) est d'environ 1 à 10 cm comparativement aux ondes lumineuses d'une longueur de 0,0005 mm. On se sert également des micro-ondes pour transmettre les appels téléphoniques.

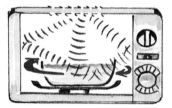

Catalyseur d'échappement

De plus en plus d'automobiles sont équipées d'un catalyseur d'échappement afin de réduire la pollution. Dans un modèle en particulier, la fumée d'échappement passe à travers un dédale de petites billes recouvertes de platine et de palladium. Cela déclenche une réaction chimique qui transforme les gaz nocifs et polluants en gaz inoffensifs. L'oxyde de carbone toxique devient un mélange de gaz carbonique et d'eau, tandis que l'oxyde nitrique (qui produit les pluies acides) n'est plus que de l'azote, du gaz carbonique et de l'eau.

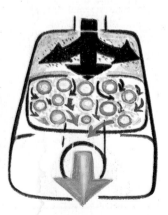

La machine à mouvement perpétuel: est-elle possible?

Selon les lois scientifiques, il est impossible de construire une machine à mouvement perpétuel, qui fonctionnerait éternellement, sans carburant ni autre forme d'énergie. La friction entre les parties mobiles entraîne inévitablement une perte d'énergie, comme la chaleur, ce qui fait éventuellement ralentir la machine.

Mais on n'abandonne pas!

Des inventeurs pleins d'espoir ne cessent de présenter des plans de machines à mouvement perpétuel. La roue, des bras qui oscillent, des billes qui roulent sur un plan incliné constituent les principaux éléments de ces machines. Mais ces inventions sont toutes vouées à l'échec. D'ailleurs, le *British Patent Office* (bureau britannique des brevets) refuse de les étudier, sachant qu'il s'agit d'une perte de temps. Le bureau américain de délivrance des brevets reçoit encore chaque année une centaine de plans de machines à mouvement perpétuel.

Felix & Theo

Ein Mann
zu viel

Langenscheidt

Berlin · München · Wien · Zürich · New York

Leichte Lektüren
Deutsch als Fremdsprache in drei Stufen
Ein Mann zu viel *Stufe 1*

Dieses Werk folgt der neuen Rechtschreibung
entsprechend den amtlichen Richtlinien.

© 1991 by Langenscheidt KG, Berlin und München
Druck: Druckhaus Langenscheidt, Berlin
Printed in Germany
ISBN-10: 3-468-49682-6
ISBN-13: 978-3-468-49682-0

13. 14. 15. 16. 17. ⋆ 09 08 07 06 05

Die Hauptpersonen dieser Geschichte sind:

Helmut Müller, Privatdetektiv, schmiedet einen gefährlichen Plan, um zwei Drogenhändler festzunehmen.

Bea Braun, seine Mitarbeiterin, findet die erste Spur auf einem Foto.

Werner Hofinger, Journalist und Werbefotograf, ist gerade in Berlin und möchte eine Reportage über die Filmfestspiele machen.

Petra Weiser, eine gemeinsame Bekannte von Helmut Müller und Werner Hofinger.

Kommissar Schweitzer, arbeitet mit Helmut Müller zusammen, um den Fall zu lösen.

Gläser-Peter, ein gefährlicher Mann, der vor kurzem aus dem Gefängis ausgebrochen ist.

Antonio Ferucci, Drogenhändler, wird von Interpol in ganz Europa gesucht.

1

Hansen - Meier - Schmidt - Müller! Büro Müller! - Der
junge Mann klingelt, geht in das Haus. Zweiter Stock.
Eine Tür ist offen, ein Schild „Büro Müller".
Er geht rein, ein schmaler Flur, am Ende ein Schreibtisch,
dahinter eine junge Frau, Mitte zwanzig, langes braunes
Haar. Es ist Bea Braun, die Sekretärin von Helmut
Müller, Privatdetektiv.
„Guten Tag, ist Herr Müller da, bitte?"
„Einen Moment, bitte, wie ist Ihr Name?"
„Hofinger. Herr Müller wartet auf mich."
Bea Braun geht in ein anderes Zimmer. Nach einer Minu-
te kommt sie zurück, zusammen mit dem Privatdetektiv:
ein Mann um die vierzig, dunkle Haare, freundliche
ruhige Augen, ein rundes, etwas trauriges Gesicht, eine
ebenso runde und traurige Figur.
„Sie sind also Herr Hofinger! Freut mich!"

„Ja, richtig! Guten Tag, Herr Müller."
„Kommen Sie in mein Büro. Möchten Sie einen Kaffee[1]?"
„Ja, gern."
„Mit Milch und Zucker?"
„Nur mit Milch, bitte."
Sie gehen in das Büro von Müller und setzen sich an einen Tisch.
„Also, Herr Hofinger, was kann ich für Sie tun?"
„Tja, also, eine Freundin, die Sie auch gut kennen, meint, Sie sind ein guter Privatdetektiv."
„Ach so? Und wer ist die Freundin?"
„Petra Weiser."
„Ah, ja. Die kenn ich gut, sehr gut sogar."
"Freut mich. Also, ich bin gerade in Berlin, um eine Reportage über die Filmfestspiele[2] zu machen."
„Aha, Sie sind Journalist?"
„Na ja, mehr oder weniger. Ich mache Fotos und Artikel für einige Zeitschriften, arbeite aber auch in der Werbung."
„Ach, Sie sind also gar nicht aus Berlin?"
„Nein, ich komme aus Hamburg, muss aber viel reisen. Jedenfalls, gestern bekam ich diesen Zettel. Hier bitte!"

Du weißt zu viel.
Vorsicht – oder du
bist ein <u>toter Mann!</u>

„Donnerwetter, woher haben Sie den Zettel?"
„Er war im Briefkasten von Petra Weiser."
„Und wissen die, dass Sie dort wohnen?"
„Keine Ahnung!"

Bea Braun kommt ins Zimmer.
„Chef, Telefon für Herrn Hofinger."
Hofinger geht ans Telefon, es ist Petra Weiser.
„Werner, jemand war in der Wohnung, es ist alles durcheinander, Papiere auf dem Fußboden, der Schrank ist auf, Hosen und Hemden und alles ..."
„Ist etwas weg?", fragt Hofinger.
„Ja, alle Fotoapparate und alle Fotos von deiner Reportage!"
„Oh Gott, Petra, bleib ruhig, ich sage es Herrn Müller!"

8

Werner Hofinger legt den Hörer auf. Er ist nervös.

„Es war Petra. Jemand war in der Wohnung und hat alle Kameras und Fotos mitgenommen."

„Wie? Ich verstehe nicht, welche Fotos?"

„Meine Berliner Fotos. Von den Filmfestspielen, vom Ku-Damm[3], vom Bahnhof Zoo[4], von Kreuzberg[5] ... Kinder, Leute, Spaziergänger, ganz normale Fotos. Eine ganze Serie."

„Gibt es noch mehr Fotos?"

„Ja, die sind im Fotolabor ‚Blitz'."

„Und wann sind sie fertig?"

„Heute Nachmittag."

„Gut." Detektiv Müller steht auf, gibt Herrn Hofinger die Hand.

„Kommen Sie heute Nachmittag gegen fünf wieder hierher. Meine Sekretärin holt die Fotos. Beruhigen Sie sich erst mal, trinken Sie einen Kaffee."

„Ja, danke, ich weiß nicht ... das ist alles wie im Film."

Müller lächelt. „Ja, wie in einem schlechten Fernsehfilm."

3

Werner Hofinger geht aus dem Büro, steht im Zimmer der Sekretärin.

„Was ist los? Ist etwas nicht in Ordnung?", fragt Bea.

„Nichts, nichts. Danke. Ich bin ein bisschen nervös."

„Machen Sie sich keine Sorgen, Herr Müller ist ein wunderbarer Detektiv ..."

„Ich weiß, ich weiß."

„Soll ich ein Taxi rufen?"

„Nein danke, ich geh lieber ein bisschen spazieren. Ich brauche etwas Ruhe. Ich bin ja um fünf wieder hier!"

„Bis später also", sagt Bea. Dieser Herr Hofinger gefällt ihr. Sie mag seine blauen Augen und seine Hände. ‚Künstlerhände', denkt Bea.

Werner Hofinger ist weg. Helmut Müller kommt in das Zimmer von Bea. Sie träumt.

„Was ist denn mit Ihnen los?"

„So schöne Augen. Ein toller Mann."

„Also, Bea", sagt Müller ernst und ein bisschen unfreundlich, denn er hat keine blauen Augen und ist auch nicht besonders hübsch.

„Es ist mir egal, ob Herr Hofinger schön ist oder blaue Augen hat. Er ist ein Klient, ein Klient mit Problemen. Außerdem ist er ein Freund einer guten Freundin. Er wohnt bei ihr in Berlin, wenn Sie verstehen! Können Sie mir jetzt einen Moment helfen?"

‚Zu dumm', denkt Bea. ‚Immer wenn mir ein Mann gefällt, ist er entweder verheiratet oder er hat eine Freundin.' Sie nimmt einen Bleistift und ein Heft und geht zu ihrem Chef.

4

Werner Hofinger geht in eine Konditorei. Dort gibt es auch Kaffee. Jetzt sitzen nur alte Damen hier und essen Erdbeertorte mit Sahne, mit viel Sahne. Er trinkt einen Kaffee, dann geht er zu Petra Weiser. Sie ist nicht da. In der Wohnung ist alles chaotisch. Er räumt ein bisschen auf. Die Bücher kommen in das Regal, die Kleider in den Schrank, er sammelt Schallplatten ein. Er hat keine Lust, weiter aufzuräumen. Die Fotos weg, die Kameras weg, die ganze Arbeit für die Reportage umsonst, der Zettel ...

„Hallo, Werner, wie geht's?" Petra ist zurückgekommen.
„Wie war's bei Helmut Müller?"
„Gut, gut. Ich habe alles erklärt und er war sehr nett. Um fünf gehe ich zu ihm, seine Sekretärin holt die Fotos."
„Welche Fotos?"
„Die Fotos von gestern sind im Fotolabor. Um fünf Uhr sind sie fertig."
„Prima, ich komme mit, aber jetzt gehen wir essen, einverstanden?"

Sie essen bei „Hardtke", einer Kneipe in der Nähe vom Ku-Damm. Dort gibt es Berliner Schlachtplatte[6]. Immer, wenn Werner zu Besuch in Berlin ist, geht er mit Petra zu Hardtke. Zum Essen gibt's eine Berliner Weiße, eine Art Weißbier[7], wie man es sonst nur in Bayern trinkt.
Nach dem Essen gehen sie zu Müller.

5

„Also, ich sehe nichts Besonderes", sagt Petra. Helmut Müller nimmt die Fotos, schaut sie noch mal an.

„Sie sind ein guter Fotograf, sehr gut, sehr gut, aber ich kann nichts Besonderes finden ..."

„Chef, schauen Sie, hier, auf dem Foto da hinten, zwei Männer, sehen Sie?"

„Ja, und?"

„Ich glaube, der eine gibt dem anderen etwas, irgendetwas. Außerdem glaube ich, ich kenne die Männer."

„Was?"

„Ja, aber sie sind so klein, man kann es nicht genau sehen ..."

„Wenn Sie wollen", sagt Hofinger, „kann ich sie vergrößern lassen."

Müller überlegt einen Moment. „Eine gute Idee, aber das machen wir selbst. Man kann Ihnen folgen."

„Na, Chef, glauben Sie, wir haben eine Spur?", fragt Bea.

„Ich weiß nicht, ich weiß nicht, vielleicht ..."

Am nächsten Tag sind die Vergrößerungen fertig. Helmut Müller hat jetzt auch das Gefühl, er hat die beiden Männer schon einmal gesehen. Aber er ist sich nicht sicher.

„Bea, kennen Sie diesen Mann hier?", fragt er und zeigt auf einen der beiden.

„Den nicht, Chef, aber den anderen, glaube ich, der vom anderen das Päckchen bekommt."

„Wer ist es?"

„Der Gläser-Peter."

„Was? Kann nicht sein, der ist doch im Gefängnis!"

„Im Gefängnis? Lesen Sie keine Zeitung, Chef? Der ist doch ausgebrochen!"

In diesem Moment klingelt es an der Tür. Bea macht auf. Es sind Werner Hofinger und Petra Weiser. Petra Weiser sieht, wie Müller mit ernstem Gesicht ein Foto anschaut. „Was ist los?", fragt sie, ein bisschen besorgt, denn sie kennt Helmut schon lange und hat ihn noch nie mit so einem ernsten Gesicht gesehen.

„Der Mann auf dem Foto ist der Gläser-Peter."

„Was? Wer?" Petra kann es nicht glauben.

Müller, Bea und Petra schauen zu Werner Hofinger.

„Gläser-Peter sucht Sie. Er ist ein gefährlicher Mann!"

„Und was soll ich tun?", fragt Hofinger.

„Wegfahren", sagt der Detektiv. „Fahren Sie für einige Tage mit Petra weg."

„Chef, ich weiß nicht, ich glaube, das ist keine gute Idee."

„Warum nicht?"

„Man kann Ihnen folgen ... auf der Autobahn ..."

„Stimmt. Es ist besser, Sie bleiben in Berlin."

Alle sind nervös. Nach einigen Minuten sagt Hofinger: „So ein Pech, da komme ich nach Berlin, will Fotos von den Filmfestspielen und den Berlinern machen, und was passiert? Ich fotografiere einen Gangster!"

„Nur ruhig", sagt Müller. „Am besten geht ihr jetzt nach Hause. Bea bestellt euch ein Taxi. Wenn etwas ist, ruf mich an, Petra. Du hast doch meine Nummer?"

„Dieselbe wie früher?"

„Nein", sagt Müller etwas traurig. „Ich lebe nicht mehr mit Karin zusammen, wir haben uns getrennt. Ich wohne jetzt in Wilmersdorf⁸, in der Neuen-Kant-Straße. Meine Nummer ist zwei - zwei - vier - drei - sieben - fünf."

„Zwei - zwei - vier - drei - sieben - fünf", wiederholt Petra und schreibt die Nummer auf.

„In Ordnung. Wenn es ein Problem gibt, rufen wir dich an. Danke, Helmut, vielen Dank."

„Schon gut, schon gut."

Petra und Werner nehmen ein Taxi. Der Fahrer ist ein junger Student. Er verdient sich sein Studium als Taxifahrer - wie viele andere Studenten. Es geht nur langsam voran, die Straßen sind voller Autos. Jetzt, gegen sechs Uhr, ist es am schlimmsten, es ist Büroschluss⁹ und alle Leute fahren nach Hause. Endlich sind sie wieder vor dem Haus von Petra.

„Achtzehn sechzig", sagt der Fahrer. Werner gibt ihm einen Zwanzigeuroschein.

„Stimmt so."¹⁰

Sie steigen aus und schauen nach links und rechts. Sie glauben, dass niemand ihnen folgt oder sie beobachtet. Schnell gehen sie in das Haus. Petra öffnet den Briefkasten - nichts. In der Wohnung ist immer noch Chaos. Werner geht ins Wohnzimmer und legt eine Platte von Udo Lindenberg[11] auf, „Udo und das Panikorchester".

„Warum ist das Foto bloß so wichtig für den Gläser-Peter?"

„Keine Ahnung, Petra, ich habe wirklich keine Ahnung!"

Am nächsten Morgen um 10 Uhr klingelt es an der Tür. Werner und Petra sind beim Frühstück[12], Berliner Schrippen mit Butter und Marmelade, dazu Kaffee. Petra steht auf und geht zur Tür:

„Wer ist da?", fragt sie, ohne zu öffnen.

„Ich bin's, Helmut Müller."

Petra öffnet die Tür. „Guten Morgen. Hast du schon gefrühstückt?"

„Guten Morgen. Ja, danke."

„Möchtest du eine Tasse Kaffee?"

„Danke, gern."

Helmut Müller setzt sich zu Werner Hofinger an den Tisch.

„Na, wie geht's heute Morgen?"

„Ach, es geht schon ... Sagen Sie mal, haben Sie eine Idee, warum das Foto so wichtig ist für Gläser-Peter? Petra und ich finden keine Lösung."

„Ich glaube schon, dass ich es weiß. Auf dem Foto nimmt Gläser-Peter ein Päckchen. Ein Mann gibt es ihm. Was ist wohl drin?"

„Vielleicht Heroin?"

„Genau. Und der Mann, der dem Gläser-Peter das Päckchen gibt, ist der Besitzer. Gläser-Peter ist der Ver-

käufer, der andere Mann ist aber wichtiger; er ist der Großhändler."

„Oh Mann", sagt Werner, „ich will eine Reportage über die Berliner machen und was mache ich? Eine Reportage über Heroinhandel!"

7

Werner Hofinger arbeitet schon lange als Journalist und Fotograf. Er hat viele Länder besucht, hat viele Menschen kennen gelernt und hat nie große Angst gehabt. Heute aber fühlt er sich nicht gut. Heute hat er Angst.

„Ja, Werner, du hast ein Foto von zwei Heroinhändlern gemacht. Der eine ist bekannt, er war im Gefängnis. Der andere ist bis jetzt unbekannt. Aber durch dein Foto kann die Polizei ihn erkennen und ihn auch ins Gefängnis bringen. Aber das Problem ist, er geht bestimmt nicht freiwillig."

„Genau", sagt Helmut Müller. „Jetzt ist auch klar, wie alles passiert ist. Werner Hofinger macht seine Fotos von den Menschen auf dem Ku-Damm. Es gibt sehr, sehr viele Menschen dort. Mitten unter den Menschen ist der Unbekannte mit Gläser-Peter. Einer von beiden sieht, wie Werner fotografiert. Er oder beide folgen Hofinger bis zur Wohnung von Petra. Am nächsten Tag gehen sie in die Wohnung und rauben Kameras und Filme."

„Aber ...", sagt Petra, „aber ..."

„Sie merken, dass das Foto von ihnen fehlt, denn dieses Foto war im Fotolabor ‚Blitz‘."

Hofinger sieht Müller und Petra an und fragt nervös: „Also? Was soll ich machen?"

Müller hat einen Plan.

„Ich muss wissen, wer der andere Mann ist. Dazu brauche ich Sie, Herr Hofinger. Sie arbeiten einfach an der Reportage weiter. Gläser-Peter und der Unbekannte folgen Ihnen und wir folgen den beiden."

„Na hör mal, das ist doch sehr gefährlich!", sagt Petra.

Müller nickt mit dem Kopf: „Ja, das stimmt. Wir müssen die Polizei informieren."

„Die Polizei?"

„Natürlich, das ist besser so."

8

Am Montag trifft Helmut Müller den Kommissar Schweitzer. Kommissar Schweitzer ist klein, hat eine Glatze, eine dicke Brille auf einer dicken Nase und dünne, schmale Lippen. Er hat immer schlechte Laune. Immer! Seine Kollegen sagen, er hat immer schlechte Laune, weil er immer noch nicht Hauptkommissar ist. Müller und Schweitzer sind nicht sehr befreundet, arbeiten aber oft zusammen.

„Tag, Herr Schweitzer, wie geht's?"

„Danke, was gibt es denn?"

„Darf ich mich setzen?"

„Bitte. Also, was ist los?"

„Sie suchen doch den Gläser-Peter, stimmt's?"

„Na und?"

„Ich kann Ihnen helfen, wenn Sie wollen. Aber dann müssen Sie mir auch helfen."

„Quatsch."

„Na gut, dann nicht."

Müller steht auf und geht zur Tür.

„Moment, Herr Müller, einen Moment, bitte ... Setzen Sie sich wieder."

Müller lächelt und setzt sich wieder.

„Was wissen Sie vom Gläser-Peter?", fragt der Kommissar.

„Sie helfen mir also?"

„Ja."

„Ehrlich?"

„Ehrlich."

„Ich habe einen Klienten, der gerade eine Reportage über Berlin und die Berliner Filmfestspiele macht. Eines Tages bekommt er einen Drohbrief. Am Tag darauf raubt man ihm seine Kameras und Filme. Er kommt zu mir und schließlich wissen wir den Grund: Auf einem Foto ist Gläser-Peter und ein anderer Mann mit einem Päckchen."

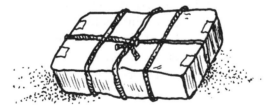

„Mit einem Päckchen?"

„Also bitte, Herr Schweitzer ... Was ist wohl in dem Päckchen? Drogen! Heroin! Die Männer wissen, dass mein Klient ein Foto von ihnen gemacht hat und versuchen jetzt, meinen Klienten zu töten."

„Und wer ist der andere Mann?"

„Ich weiß es nicht, aber Sie können es wissen. Hier ist das Foto."

„Hm, also, ... nein, ich kenne ihn auch nicht. Aber vielleicht finden wir ihn im Archiv."

Schweitzer ruft im Archiv an. Ein Mann kommt und holt das Foto.

„Also, Müller, was haben Sie für einen Plan? Sie haben doch einen Plan, nicht wahr?"

„Na klar. Ich finde, mein Klient macht einfach weiter mit seiner Reportage. Die beiden Heroinhändler verfolgen ihn und wir verfolgen die Heroinhändler."

„Ach, du liebe Liese!" Schweitzer sagt oft „ach, du liebe Liese". Helmut Müller hat oft überlegt, ob Frau Schweitzer vielleicht Liese heißt, aber er weiß es bis heute nicht.

„Sie sind also einverstanden, Herr Schweitzer?"

„Na klar, ein gefährlicher Plan. Aber gut, sehr gut."

Es ist Dienstag früh. Helmut Müller ist im Büro und liest den „Tagesspiegel"[13]. Bea Braun, seine Sekretärin, öffnet die Tür.

„Chef, hier ist Kommissar Schweitzer."

„Na so was", sagt Müller. „Kommen Sie rein, Herr Kommissar. Möchten Sie einen Kaffee? Frau Braun, machen Sie mir auch gleich einen? Danke schön."

Der Kommissar setzt sich, wie immer hat er schlechte Laune. Seine Lippen sind noch schmaler als sonst. Seine Glatze glänzt. Kommissar Schweitzer schwitzt.

„Hören Sie, Müller. Wir wissen, wer der andere Mann ist. Er heißt Antonio Ferucci und kommt aus Italien. In ganz Europa wird er gesucht. Bei Interpol steht er ganz oben auf der Liste."

„Oh Mann, armer Werner Hofinger!"

„Ja, ja, ich weiß. Aber wir finden ihn bestimmt."

Dienstagnachmittag um 16 Uhr beginnt die „Operation Ferucci". Werner Hofinger verlässt die Wohnung von Petra, geht auf die Straße. Mit der U-Bahn fährt er zum Bahnhof Zoo. Neben dem Bahnhof ist Berlins größtes Kino, der Zoo-Palast. Heute ist der letzte Tag der Filmfestspiele. Hofinger hat zwei neue Kameras und beginnt zu arbeiten. Hunderte von Menschen stehen vor dem Zoo-Palast.

Alle wollen die Filmstars sehen, die heute im Zoo-Palast sind. Alle? Natürlich nicht. Unter den Menschen sind auch

Helmut Müller, Bea Braun, Kommissar Schweitzer und ...
Antonio Ferucci.

Werner Hofinger sieht Ferucci etwa 50 Meter vor dem
Eingang zum Zoo-Palast. Hofinger fotografiert die
Menschen, die Filmstars, die Fans. Dann geht er lang-
sam zu den Würstchenbuden[14]. Er weiß, dass der Würst-
chenverkäufer Polizist ist. Er bestellt eine Currywurst.
Ferucci kommt zur Würstchenbude. Ein anderer Mann
steht plötzlich auch neben Hofinger - Gläser-Peter! Ho-
finger hat Angst. Er sieht in der Hand von Ferucci ein
Messer.
„Die Fotos! Gib mir die Fotos!"
„Welche Fotos?", fragt Hofinger und schwitzt.
„Die Fotos von uns beiden. Du warst doch nicht bei der
Polizei, oder?", fragt Ferucci. Hofinger spürt das Messer
im Rücken. In diesem Moment zieht der „Würstenver-
käufer" seine Pistole.
„Das Messer weg! Hände hoch! Polizei!"
Hinter Ferucci und Gläser-Peter stehen Müller, Kommis-
sar Schweitzer und zwei andere Polizisten.

In einer Minute ist alles vorbei. Werner Hofinger ist ganz
weiß im Gesicht. Seine Hände zittern.
„Sie waren großartig, Herr Hofinger, wunderbar, einfach
wunderbar!", sagt Helmut Müller.
Auch Bea Braun ist glücklich. Sie hatte große Angst. ‚So
ein charmanter und mutiger Mann, dieser Hofinger',
denkt sie.
Bei Petra Weiser gibt es ein großes Abschiedsessen. Werner Hofinger fährt morgen zurück nach Hamburg. Helmut
Müller, Bea Braun, Petra und Werner sitzen am Tisch.

„Jetzt habe ich eine interessante Reportage über den Drogenhandel. In Hamburg kann ich sie an den ‚Stern' verkaufen. Das gibt ein gutes Honorar!"

„Und der Bericht über die Filmfestspiele?", fragt Bea Braun.

„Zu den Filmfestspielen kommt er nächstes Jahr wieder", sagt Petra und lächelt. „Da macht er eine neue Reportage."

„Ich? Nächstes Jahr hier? Lieber bin ich dann auf den Fidji-Inseln!"

„Schade", sagt Bea Braun und lächelt.

Ende

Landeskundliche Anmerkungen

1 Die Deutschen sind die größten Kaffeetrinker der Welt. Kaffee gibt es immer: zum Frühstück, im Büro, nach dem Essen, bei Besprechungen ...

2 Die Internationalen Filmfestspiele finden jedes Jahr in Berlin statt. Es gibt Preise für die besten Filme, Schauspieler, Regisseure, Kameraleute etc. Der Hauptpreis ist der „Goldene Bär".

3 Ku-Damm: Kurzform für Kurfürstendamm, eine große Prachtstraße in Berlin

4 Bahnhof Zoo ist ein Bahnhof in Berlin. Er liegt direkt neben dem Zoologischen Garten.

5 Kreuzberg ist ein Berliner Stadtviertel. Heute wohnen dort Studenten und ausländische Familien, vor allem Türken.

6 Berliner Schlachtplatte ist eine Spezialität in Berlin. Es gibt Würstchen, Schweinefleisch gekocht, Schinken mit Sauerkraut und Kartoffelpüree.

7 Weißbier: bayerische Bierspezialität, bekommt seinen besonderen Geschmack durch eine Mischung aus Weizen, Hopfen und Hefe

8 Wilmersdorf liegt im Zentrum Berlins. Es ist ein altes Bürgerviertel.

9   In Deutschland sind die Bürozeiten meistens von 8 bis 17 Uhr. Es gibt auch viele Firmen, die bis 18 Uhr arbeiten.

10 Es ist üblich, Taxifahrern ein Trinkgeld zwischen 5 - 10 % des Fahrpreises zu geben.

11 Udo Lindenberg: bekanntester deutscher Rocksänger. Er war einer der Ersten, die in deutscher Sprache zur Rockmusik gesungen haben.

12 Das Frühstück ist in Deutschland eine wichtige Mahlzeit. Es gibt Brötchen (in Berlin „Schrippen"), Kaffee, Marmelade, oft auch Wurst oder Schinken und Käse.

13 Tagesspiegel: liberale Berliner Tageszeitung

14 Würstchenbuden: oft umgebaute Wohnwagen, die einen Grill haben. Die Berliner Lieblingswurst ist die Currywurst, eine Bratwurst mit viel Ketchup und Curry.

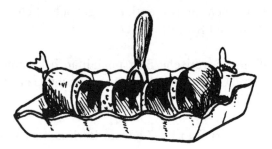

Übungen und Tests

1. a) Deutsche Vornamen und Familiennamen
   Was gehört zusammen?

~~Helmut~~
Bea
Werner
Petra

Hofinger
Weiser
Braun
~~Müller~~

Helmut Müller

   b) Berufe ... Berufe ... Berufe: Wer ist was?

   Herr Hofinger ist _____

   Bea Braun arbeitet als _____

   Helmut Müller ist _____ von Beruf.

2. und 3. Eine Person beschreiben: Wie sieht Herr Hofinger
aus? Was wissen Sie schon über ihn?

   Alter: _____

   Größe: _____

   wohnt in: _____

   Beruf: _____

   Augen, Hände: _____

4. und 5. Fragen beantworten:

a) Was ist eine Berliner Schlachtplatte?

_____

b) Was ist eine Berliner Weiße?

_____

c) Was erkennt Bea Braun auf den Fotos?

_____

6. a) Wer ist der Gläser-Peter? Bitte ankreuzen:

ein Fotograf   ☐

ein Freund von Petra Weiser   ☐

ein Gangster   ☐

b) Fragen beantworten:

Warum fährt Werner Hofinger nicht weg?

_____

_____

Wann ist der Verkehr in Berlin am schlimmsten?

_____

_____

Was essen die Deutschen meistens zum Frühstück?

_____

_____

7. und 8. Richtig oder falsch?
   Bitte ankreuzen:

	richtig	falsch
Die Gangster denken, Hofinger hat das Foto.		
Hofinger arbeitet nicht mehr an der Reportage.		
In dem Päckchen ist Heroin.		
Schweitzer hilft dem Detektiv nicht weiter.		
Schweitzer findet den Plan gefährlich.		

9. und 10. Fragen beantworten:

Warum besucht der Kommissar den Detektiv?

Wer ist Antonio Ferucci?

Was macht Werner Hofinger mit seiner Reportage?

Warum will er nächstes Jahr nicht wieder kommen?

Der Kommissar...

Sämtliche bisher in dieser Reihe erschienenen Bände:

Stufe 1

Oh, Maria...	32 Seiten	Bestell-Nr.	**49681**
– mit Mini-CD	32 Seiten	Bestell-Nr.	**49714**
Ein Mann zu viel	32 Seiten	Bestell-Nr.	**49682**
– mit Mini-CD	32 Seiten	Bestell-Nr.	**49716**
Adel und edle Steine	32 Seiten	Bestell-Nr.	**49685**
Oktoberfest	32 Seiten	Bestell-Nr.	**49691**
– mit Mini-CD	32 Seiten	Bestell-Nr.	**49713**
Hamburg – hin und zurück	40 Seiten	Bestell-Nr.	**49693**
Elvis in Köln	40 Seiten	Bestell-Nr.	**49699**
– mit Mini-CD	40 Seiten	Bestell-Nr.	**49717**
Donauwalzer	48 Seiten	Bestell-Nr.	**49700**
Berliner Pokalfieber	40 Seiten	Bestell-Nr.	**49705**
– mit Mini-CD	40 Seiten	Bestell-Nr.	**49715**
Der Märchenkönig	40 Seiten	Bestell-Nr.	**49706**
– mit Mini-CD	40 Seiten	Bestell-Nr.	**49710**

Stufe 2

Tödlicher Schnee	48 Seiten	Bestell-Nr.	**49680**
Das Gold der alten Dame	40 Seiten	Bestell-Nr.	**49683**
– mit Mini-CD	40 Seiten	Bestell-Nr.	**49718**
Ferien bei Freunden	48 Seiten	Bestell-Nr.	**49686**
Einer singt falsch	48 Seiten	Bestell-Nr.	**49687**
Bild ohne Rahmen	40 Seiten	Bestell-Nr.	**49688**
Mord auf dem Golfplatz	40 Seiten	Bestell-Nr.	**49690**
Barbara	40 Seiten	Bestell-Nr.	**49694**
Ebbe und Flut	40 Seiten	Bestell-Nr.	**49702**
– mit Mini-CD	40 Seiten	Bestell-Nr.	**49719**
Grenzverkehr am Bodensee	56 Seiten	Bestell-Nr.	**49703**
Tatort Frankfurt	48 Seiten	Bestell-Nr.	**49707**
Heidelberger Herbst	48 Seiten	Bestell-Nr.	**49708**
– mit Mini-CD	48 Seiten	Bestell-Nr.	**49712**

Stufe 3

Der Fall Schlachter	56 Seiten	Bestell-Nr.	**49684**
Haus ohne Hoffnung	40 Seiten	Bestell-Nr.	**49689**
Müller in New York	48 Seiten	Bestell-Nr.	**49692**
Leipziger Allerlei	48 Seiten	Bestell-Nr.	**49704**
Ein Fall auf Rügen	48 Seiten	Bestell-Nr.	**49709**
– mit Mini-CD	48 Seiten	Bestell-Nr.	**49726**